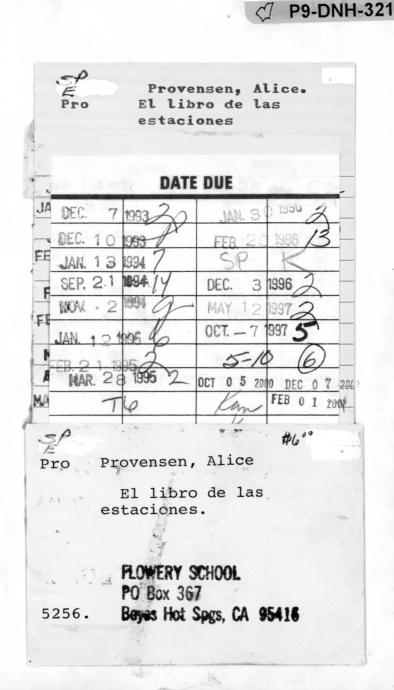

DATE DUE

JAN	DEC. 7 1993	JAN. 30 1996	2
	DEC. 10 1993	FEB. 20 1996	13
FE	JAN. 13 1994 7	SP	K
F	SEP. 21 1994 14	DEC. 3 1996 2	
FE	NOV. 2 1994	MAY 12 1997 2	
	JAN. 12 1995 6	OCT. — 7 1997 5	
	FEB. 21 1995 2	5-10 6	
A	MAR. 28 1995 2	OCT 0 5 2000	DEC 0 7 2000
MA	T6	Ken	FEB 0 1 2001

El libro de las estaciones
A Book of Seasons

A Random House PICTUREBACK®

ALICE AND MARTIN PROVENSEN

El libro de las

Library of Congress Cataloging in Publication Data:
Provensen, Alice. El libro de las estaciones = A book of seasons. Translation of: A book of seasons. SUMMARY: An easy-to-read description of the continuously changing seasons. 1. Seasons—Juvenile literature.   [1. Seasons. 2. Spanish language materials]   I. Provensen, Martin.   II. Title.   III. Title: Book of seasons. QB631.P7618   574.5'43   81-13821
ISBN: 0-394-85143-9 (pbk.); 0-394-95143-3 (lib. bdg.) AACR2

Manufactured in the United States of America   2 3 4 5 6 7 8 9 0

ESTACIONES
A Book of SEASONS

translated into Spanish by Pilar de Cuenca and Inés Alvarez

RANDOM HOUSE 🏠 NEW YORK

Llegó el invierno. Ponte tus botas. Busca tus mitones. Puedes hacer un muñeco de nieve.

Winter is here. Put on your boots. Find your mittens. You can build a snowman.

El invierno es la estación fría del año. Es el tiempo de apalear la nieve y usar bufandas de lana.

Winter is the cold season of the year. It's the time for snow shovels and warm woolen scarfs.

Puedes ir cuesta abajo en el trineo cuando todo está cubierto de nieve. ¡Pero mira! . . . ¿Qué pasa?

You can ride downhill on sleds when snow is on the ground. But look! . . . What is happening?

La nieve empieza a derretirse. Una flor de color violeta vivo
se asoma a través de la nieve.

The snow is melting. A bright purple flower is poking through the snow.

Los días son más largos. La savia corre dentro de los arces.

The days are longer. The sap is running in the maple trees.

Es la época de preparar jarabe de arce. Es el primer día de
la primavera.

It's maple-syrup time. It's the first day of spring.

En la primavera puede llover mucho.

Spring can be rainy.

O puede hacer mucho sol.

Or spring can be sunny.

La primavera es la estación de brisas y de flores.

Spring is a breezy, blossomy season.

Todo se siente fresco y dulce y limpio.

Everything is fresh and sweet and clean.

El verano viene después de la primavera. Los días se hacen
más largos y las noches más tibias.

Summer follows spring. The days grow longer and the nights are warm.

Quítate los zapatos. El verano es la época de andar descalzo.

Take off your shoes. Summer is the time to go barefoot.

Ahora puedes estar fuera de la casa el día entero.

Now you can be out of doors all day long.

Es un placer acostarse sobre la hierba verde y contemplar
el cielo.

It's fun to lie in the green grass and look at the sky.

En el verano puedes trabajar en el jardín. Puedes cultivar flores o mirar una mariposa.

In summer you can work in the garden. You can plant a flower or watch a butterfly.

Puedes comer habichuelas verdes. Pero el verano no dura
mucho.

You can eat a green bean. But summer doesn't last long.

Los días se hacen más cortos y frescos. Las hojas se ponen rojas y anaranjadas y amarillas.

The days begin to grow shorter and cooler. The leaves turn red and orange and gold.

Ponte la chaqueta y sal a pasear. Llegó el primer día de otoño.

Put on your jacket and take a walk. The first day of fall is here.

Ahora las hojas se vuelven pardas y caen. Es agradable
recogerlas con el rastrillo.

Now the leaves are brown and falling down. It's fun to rake them up.

Puedes esconderte entre un montón de hojas. Pero no por mucho tiempo. ¡Alguien está seguro de encontrarte!

You can hide in a pile of leaves. But not for long. Someone is sure to find you!

Ahora los días son más fríos. Es la hora de cortar leña.

The days are colder now. It's time to cut firewood.

El calor de la chimenea conforta en las noches frías
invernales.

Fires are cozy on cold winter nights.

Un día, de momento, comienza a caer nieve. ¡Ponte la gorra!
¡No te olvides de los mitones!

Suddenly one day the snow begins to fall. Put on your hats! Don't
forget your mittens!

¿Dónde están tus botas? De nuevo es el primer día de
invierno.

Where are your boots? It's the first day of winter again.

Una vez más llega la estación de usar patines y trineos. Ha pasado un año.

Once more it's the season for skates and sleds. A whole year has passed.

Un año es el tiempo entre un cumpleaños y el siguiente. Si tu cumpleaños cae en el invierno, puedes celebrarlo con una fiesta y patinar en el hielo.

A year is the time between one birthday and the next. You can have a skating party if your birthday is in winter.

Mira lo que pasa. El hielo del estanque se está partiendo.

But look what is happening. The ice on the pond is breaking up.

La nieve se derrite. Una hojita verde aparece en el árbol.

The snow is melting. There's a little green leaf on the tree.

Llegó la primavera de nuevo. El mundo renace en la primavera. ¡Es su cumpleaños! Vuelve y vuelve y vuelve.

Spring is here again. Spring is the earth's birthday. It comes again and again and again.